Für die Kinder, die Hand in Hand
mit Gott gehen:

Tall und Dalia
Laliv und Joni
Tami und No'am

Michal Snunit

Und dein Wunsch trifft einen Stern

Mit Bildern von
Aya Gordon-Noy

Aus dem Hebräischen
von Mirjam Pressler

1 2 3 04 03 02
Alle deutschen Rechte bei CARLSEN Verlag GmbH, Hamburg 2002
Originaltextcopyright © 2001 Michal Snunit
Originalbildcopyright © 2001 Aya Gordon-Noy
Originalverlag: ZIPOR Publishing House
Originaltitel: Jad be-jad im Elohim
Einbandgestaltung: Buchholz/Hinsch/Hensinger mit
einer Illustration von Aya Gordon-Noy
Satz: LVD GmbH, Berlin
Druck und Bindung: Westermann Druck Zwickau GmbH
ISBN 3-551-55258-4
Printed in Germany

Gott verteilt Geschenke.

Mama sagt,
ich bin ein Geschenk Gottes.
Weiß sie nicht, wie Kinder
auf die Welt kommen?
Und Papa? Papa streitet nicht.
Wenn Mama es so will,
soll es Gott sein.

Zusammen schlagen wir das
Buch auf und lesen:

Der Tau ist ein Geschenk Gottes
an die Erde und an das Gras,
an die Bäume und an die Blumen.
Sie trinken ihn in der Nacht
und am Morgen erwachen sie zu
neuem Leben.

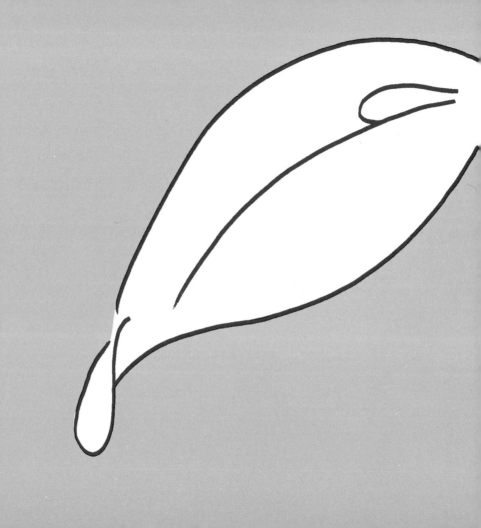

Die Sterne sind ein Geschenk
Gottes an den Mond.
Es ist traurig, wenn man so ganz allein
am hohen Himmel steht.

Wir zwei zusammen –
sagt leise die Mama zum Kind.
Wir zwei zusammen –
sagt leise der Tau zur Erde.
Wir zwei zusammen –
sagt leise der Himmel
zu den Sternen.
Wir zwei zusammen –
sind ein Geschenk
Gottes.

Gott verteilt Geschenke.

Mit den Wolken bringt er Regen.
Mit dem Wind bläst er Luft.
Mit den Farben malt er einen Regenbogen
und mit dem Vogel schickt er ein Lied.

Den Worten gibt er Fülle.
Der Bewegung gibt er einen Körper.
Die Gefühle pflanzt er in unsere Herzen,
und der Phantasie gibt er
Flügel zum Fliegen.

Gott verteilt Geschenke.
Geschenke für jeden Tag, Geschenke zum Fest.
Frühlingsgeschenke und Herbstgeschenke.
Viele Geschenke von außen
und viele von innen.

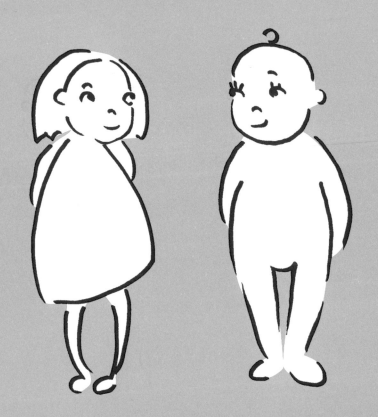

Geschenke von außen,
das ist, wenn du jemanden triffst
und plötzlich dein Herz anders klopft
und dein Blick einen neuen
Glanz bekommt.

Oder ein tröstendes Wort,
wenn du traurig bist,
oder ein schöner Morgen
nach einer Nacht voller
Schmerzen.

Geschenke von innen,
das ist, wenn du plötzlich lächelst,
weil in diesem Moment
jemand an dich denkt
und nichts auf der Welt
euch trennen kann.

Oder wenn ein Wunsch
einen Stern trifft,
und eine Sternschnuppe fällt
und der Wunsch geht in Erfüllung.
Dieser Moment ist etwas so Besonderes,
dass man ihn nicht
beim Namen nennen darf.

Und am aller-, allerschönsten ist es,
wenn das Geschenk von außen
und das Geschenk von innen sich treffen.
Das ist, wenn Mama sagt:
Gott verteilt Geschenke.

Gott verteilt Geschenke,
er ruft einen und einen anderen und sagt:
Ab jetzt seid ihr zwei.
Viele, viele Paare auf der Erde,
Paare im Wasser und Paare am Himmel.

Wir schlagen das Buch zu.
Jetzt verstehe ich es.
Es ist das Leben,
das Gott uns als Geschenk gibt.

Und ich frage:
Wer gibt Gott ein Geschenk?
Und ist Gott allein?

Dann gebe ich ihm die Hand.

Und wir gehen
zusammen spazieren.

Und alle Leute bleiben
erstaunt stehen:
Ein kleines Kind geht Hand
in Hand mit Gott.